AF451295

EL ESPÍRITU DEL SILENCIO

ExLibric

JOSÉ MARÍA ALARCÓN SÁNCHEZ

EL ESPÍRITU DEL SILENCIO

EXLIBRIC

ANTEQUERA 2023

JOSÉ MARÍA ALARCÓN SÁNCHEZ

EL ESPÍRITU DEL SILENCIO

Prólogo

Siempre he pensado que los autores de prólogos eran respetados y reconocidos personajes que actuaban en la publicación para, de alguna manera, ser un reclamo con su nombre y dar un toque de excelencia a la nueva obra. No es mi caso, es algo evidente. Por ello, no salgo de mi asombro cuando he sido requerido en más ocasiones de las que se puedan imaginar para redactar prólogos, circunstancia anómala que, sin duda, viene motivada por la amistad que me une a los auténticos actores de la creación de una obra, sea esta científica, gastronómica, de corte histórico o literaria.

Esta es la causa que me vincula a mi entrañable amigo José María Alarcón. Para mí es todo un honor el poder aportar estas breves líneas para *El espíritu del silencio*, una obra en cuyas páginas José María recoge una parte de su rica y abundante producción poética, incluyendo algunas de las composiciones aparecidas en el semanario *El Sol de Antequera*, decano de la prensa malagueña.

Comienza el libro con una miscelánea que refleja y retrata al escritor y la calidad de su creatividad, que le valió hace ya treinta y cinco años el reconocimiento del Sindicato Nacional de Escritores Españoles, que le otorgó el primer premio del Concurso Otoño-87, en la modalidad de prosa poética, galardón que le fue entregado el 8 de diciembre de ese año en la sede del Liceo de Málaga.

También ha participado en algunos de los premios periodísticos más prestigiosos de España, como el Mariano de Cavia y el Luca de Tena, así como el César González Ruano, los dos primeros instituidos en 1920 y 1929, respectivamente.

Tras los setenta y seis poemas iniciales, que hablan de la calidad de nuestro autor, se cierra el primer bloque con dos aportaciones de prosa poética, disciplina creativa en la que José María no solo se defiende de forma sobresaliente, sino que llega a una elevada brillantez, que vemos refleja a lo largo de las páginas de esta obra, un libro que debió haber salido hace años, pero nunca es tarde si la dicha es buena.

Mi vinculación con José María Alarcón viene de casi otra vida, de un mundo muy singular y especial en nuestra ciudad, el mundo cofrade. De ahí esa aportación que continúa en su obra. De su padre, a quien me cupo la suerte de conocer y contar con su amistad, heredó, entre otras muchas cosas, su amor por la Semana Santa y la devoción al Cristo del Mayor Dolor, su cofradía, a la que siempre ha estado vinculado. Ello no quita los constantes guiños a Sevilla, a las dos Esperanzas (Macarena y Trianera) y, cómo no, a la Vera Cruz de Antequera, a la que le cantó en su pregón cofrade estudiantil en 2011. Siempre ha estado unido a esta cofradía. De aquí partió la renovación cofrade, de aquí salió después de décadas el Santo Cristo Resucitado, a golpe de su experta y firme mano, siendo hermano mayor varios años. Le atrae Sevilla y, cómo no, Antequera. Sevilla y Antequera siempre estarán juntas.

Las gentes de Antequera tienen sitios, lugares mágicos grabados en su imaginario. La ciudad ofrece rincones y espacios únicos: el Torcal, el callejón del Aire, la plaza de San Sebastián… Lugares llenos de simbolismo. Sin embargo, su mirada no se queda aquí, sino que otras ciudades (Málaga, Córdoba…) también inspiran su producción literaria.

La obra se cierra, que no concluye, con un canto a esos ilustres personajes que han servido de inspiración, de modelo. Todos los tenemos. La firma final es una elegía a ese que fuera gran figura del toreo, Francisco Rivera Pérez, Paquirri. Es su canto final, su broche de oro.

Sin duda, la obra que me ha tocado en suerte prologar es un magistral recorrido por la producción variada y sentida de un autor que escribe con el corazón y que ha sido adscrito a la Real Asociación de Escritores y Artistas de España, donde le agregan en pensamientos y humanidades, cuyo primer escritor es Unamuno, al que dedica en este libro unos versos.

Hoy, en pleno siglo XXI, es difícil encontrar originalidad en la producción literaria. Es una suerte contar de cerca con José María Alarcón Sánchez.

José Escalante Jiménez
Cronista oficial de la ciudad de Antequera

REFLEXIONES, PENSAMIENTOS, DIVAGACIONES

1. HAY BESOS

Hay besos que atrofian los sentidos
cuan rosa de espinas despojada,
quedando en tu pecho almohada,
recuerdos, abrazos recogidos.

Hay besos en silencio, dormidos,
como primavera en flor esperada.
Hay besos que el silencio olvidara,
por caminos del tiempo perdidos.

Hay besos que mueren vividos,
siempre olvidados en el alma,
sueños eternos incomprendidos.

Arrumacos de amor sorprendidos,
de abrazos y manos entrelazadas,
silencio en un tiempo, adormecidos.

2. SUEÑO

Rojo como el fruto del árbol.
Labios que yo besé.
Máscara que no conoces.
Y ninguna se olvida.
Aquel atrevimiento se perdió
en el tiempo y hoy,
aquí, dormido
en mi tierra,
serenamente
te sueño.

3. DESPERTAR

Déjame estar,
que no he de salir
de este bello despertar.

4. ATARDECER

Ocres que
al amanecer
asoman.
Incertidumbre.
Borrasca.
El cielo
celeste
que saluda.
Tormenta
que apaga
el alma.

5. La canción del silencio

Silencio, deja que temple tus cuerdas el maestro.
Silencio, partitura, toná de un sueño.
Silencio, canción y cuna de un momento.
Silencio, cuerdas perdidas que rasga el cielo.
Silencio, tarareo de abuela que suena al sesteo.
Silencio, cadencia perdida de un amor incierto.
Silencio, silencio, silencio.
Partitura de poetas muertos.
Silencio.

6. DESAIRES

Cuando te das cuenta de que los desaires,
los desplantes,
comienzan a crear la cuna que arropa la inseguridad,
es cuando te das cuenta del viento nuevo
que pretende entrar en ti.
Si estás a tiempo,
abre el ventanal,
deja que entre el fresco,
que envuelva tu alma,
a tu corazón inquieto
y vuelve al lugar
donde estén,
en reposo
y en paz,
tus alocados
pensamientos.
Se tú,
y vive
el momento.

7. SUSPIROS

Nunca dejes de tu mano la esencia rezada de un suspiro, mirada que honra el sentido de una vida peregrina.

Que la oración, rezo inacabable de un rosario, nos deje tu mensaje, luz de ese aroma a incienso que, en silencio, lágrimas caídas al surco de nuestras vidas llegan.

Que no me falten nunca los renglones de tu lectura, camino que me conduzca, en paz y en silencio, en lo poco que me queda ya de travesía.

Infierno de piedras sediento, solitario, perdido en el olvido del mar.

Ahora solo calma tu sed la gratificante lluvia de cuando en vez, por esos sueños inquebrantables, como los míos. Solo están en nuestra soledad, cajón de sastre de ese recuerdo perdido en cada marca, en cada surco que traza el agua, esa que la vida nos brindó y nos marcó para siempre.

Viviré en ti, en tus oscuridades, recovecos, sombras, sueños de sueños, como los míos.

8. Ausencia

He mirado mi sombra en aquella pared,
y estaba solo.
Tú no estabas.
He mirado aquel charco en el suelo
que, como un espejo, estaba vacío,
no estaba tu imagen ni tu recuerdo.
Aquel viento era solo viento,
sin tu voz perdida entre las luces de aquel farol.

No tengo tiempo para recuerdos, mi tiempo ya pasó, y en el camino quedas cuan página pasada, leída en el libro de mi vida.

Quédate en paz y gracias por el tiempo, el amor y aquellos besos que nos dimos.

Todo queda en el olvido, como cuando irremisiblemente la noche se marcha, dejándonos con un nuevo amanecer incierto.

Alma sin conciencia, esencia de ciego que tropieza con la calidez, sol, palabra que enfría la calenturienta verdad.

Quisiera ser ese hilo que conduce al bordado del Siglo de Oro, acampar a los pies de tu belleza y beber de sus fuentes inagotables de silencios, sueños, que el recuerdo impreso alegra el letargo de mi soledad perdida.

9. LA AMISTAD

En la vida no todo es de color más que cuando
reinan la calma, el entendimiento y la paz interior.
Esto se transmite al amigo/a, nunca se pregunta si de
antemano sabemos que en el instante no hay
respuesta.
El tiempo modera y modela al ser humano.
Por eso la amistad es tan reducida.
La verdadera amistad
se da sin recibir nada a cambio y, por supuesto,
nunca es moneda de cambio ni de sometimiento.
Un amigo se necesita una vida entera para dar con él,
y una vida entera para mantener
su amistad… Ese es el amigo.

10. Camino amargo

Amargo es el camino, autopista de felicidad por la que transitan tus pensamientos.

Sentimientos, vivencias exquisitas que quizás, sin razón, el tiempo dejó en tu camino.

Hoy nada queda de aquella calzada, está convertida en un erial con guijarros, tropiezos discutidos y tus pies heridos, sorteando esa tristeza que hiere las plantas de tu alma, de tus cansados, viejos y torpes pies.

Cada tropiezo, cada piedra ahora del maltrecho camino, es un tentáculo de ese pulpo que configuran los recuerdos y se aferra a tu alma, ahogando el llanto de tus silencios.

Es triste, muy triste, la soledad. Los recuerdos sacuden la cabeza al viento, intentando desprenderse de algo que fue y hoy ha muerto.

Al cuerpo, tras el tránsito vivido, como si de un barco viejo se tratase, ya lo aparcaran en el pantanal de los desguaces.

En este puerto permaneceremos por siempre en el tiempo, hasta que el mismo tiempo y el olvido nos sepulten.

Vivamos el día a día, se nos acaba el tiempo de nuestro tiempo, lo que irremisiblemente nadie quiere aceptar.

Es la hora y no es la hora, decía un ilustre pregonero.

Es esa hora donde se viste de novia con sus mejores galas la ilusión.

Es la hora que enmarca el silencio de unas miradas que anidan en el corazón. Es la hora, tu hora, esa que quiebra la voz con un te quiero.

Tiende tu silencio al sesteo, en aquel banco, besando aquellas manos y sus ojos despacio, muy despacio, lento, muy lento, como ver caer la vieja hoja ya muerta al suelo para volver de nuevo, en su primavera, a vivir otro momento.

Otoño, el amor del poeta que nunca jamás deja morir la hora de su hora.

11. LA REJA

Negra reja oscurecida
al silencio plácido
de la noche.
Almas calladas y vivas
cuan amor evolutivo
prendido en un broche.
Luna de agosto sorprendida,
juramento eterno proclamado
de un amor a tus barrotes alojado.
Con juramento de por vida,
preciosa luna de agosto,
plena, como tú,
de singular belleza,
corazón alocado y por siempre,
fue presa y muda.
Testigo de aquel Indio,
el mismo que guardó
nuestra locura.
Desafío, amor eterno
por dichosa ventura
que vivió feliz
en su incierta desventura,
acompañado siempre,
a la edad, al momento.
Luego, más tarde,
calor de verano eterno

que, muy despacio y lento,
tras todo lo vivido,
quedose dormido.
Después, olvidado
juramento que se llevó
el aire y quedó
muerto.

12. PENSAMIENTO

Cansado el pensamiento, la vista perdida en la nube de las sombras, intentando llegar al fondo de esa alma perdida entre el silencio y tú.

Miras al infinito suelo, perdido entre caminos ciegos. Aún recuerdas aquella página mojada con las lágrimas de una incierta e inexplicable rotura.

Llegaste a mi vida desde el cálido silencio de una sonrisa cautivadora, desde aquel escalón, púlpito desde el que me mandabas inquietudes a mi alma.

Hoy, en el trascurso de los tiempos, quiero encontrarte aunque te tenga enfrente, mirarme en el fondo de tus ojos, mirarte por dentro en tu alma, en tus pensamientos.

Cuando mis manos acarician tu agua, mi ser tiembla de miedo, mi mente se nubla y mis sentidos se pierden en ti

Clama el sol en su partir hacia su muerte y unas juguetonas estrellas anuncian la nieve en mi vida.

El olvido es la lúgubre sombra del recuerdo.

Deja en paz a tu alma, déjala dormir en tu silencio y guarda en tu baúl este escrito más para tu recuerdo.

13. QUIERO

Quiero un amanecer limpio, quiero…
No quiero más que la felicidad
nos cubra con su manto,
que la paz brille ante el orgullo y la incomprensión.
Quiero que nunca olvides ese primer beso.
Quiero que tus manos y las mías nunca se separen.
Quiero ver tu sonrisa, que te ilumina
cuan antorcha ardiente.
Quiero un abrazo inmerso en el silencio
y que se cansen nuestros cuerpos
hasta caer rendidos.
Quiero, cuando camines a mi lado,
sentir las envidias en mi rostro.
Quiero que nunca dejes de ser tú.
Quiero siempre quererte, queriendo sin más,
y que mis besos sellen tus labios
y dormidos nos quedemos.

14. EL ÁRBOL

Algo tan humilde como el retazo incipiente del árbol a quien viene a verlo, a saludarlo, la incipiente luna. En cada momento necesita demostrarle que no es tan poca cosa, que no es tan insignificante, sino que es sumamente importante por su natural belleza en el entorno, en el paisaje donde ella se baña, donde deposita en cada cambio su amor.

Nunca te sientas pequeño árbol de la vida. Te convertirás en lo más hermoso con el tiempo. Para ti, luna, con amor y sentimiento.

15. SILENCIO

Silencio.
Deja que temple tus cuerdas el maestro.
Silencio.
Cadencia, toná de un sueño.
Silencio.
Cuerdas perdidas que acaricia el ciego.
Silencio.
Canción de cuna que canta el abuelo.
Silencio.
Mírate, niña, dándole envidia al espejo.
Silencio.
No llores, mi niña, por ese amor primero.
Silencio, silencio, silencio.

Solo el silencio sabe de mí, de mi secreto perdido entre nubes y escombros de una vida incierta.

Hay amores que se pierden en el infinito silencio, otros conmueven nuestras vidas y otros mueren antes de nacer.

De esta forma, yo, la Peña de los Enamorados, quizás donde aquel escritor famoso de *Romeo y Julieta* se basó para plasmar su célebre folleto, todo ello lo contemplo al paso de los tiempos: sol, aire, agua, lluvia, veranos tórridos en inviernos casi sin primaveras.

Estoy triste, pierdo a cada instante personas que quiero. Su recuerdo, su memoria, esos momentos de felicidad pasaron por mi puerta.

Hoy, en el ocaso de este perenne ocaso,
solo me quedas tú
en el baúl de los silencios.

16. Sentimientos

Mudo espectador de las pasarelas que unen a dos sentimientos encontrados entre sí. Dos Esperanzas que he ido descubriendo al paso de mi tiempo.

Esa mano, duende que me lleva, que me sostiene desde el centro de tu río, sujeto a dos márgenes que me encadenan a ti.

Sigue siempre viva y que pueda verte presumir de tu belleza el tiempo que me quede, Sevilla.

17. PENSAMIENTOS

Dios bendiga la lluvia,
no la de las lágrimas.
Quiero ser esa mano que tape,
que le dé cobijo
a la sinrazón humana.
Y perdida la palabra,
que juega, el junco mecido
por el aire
pronuncia un cántico
que el ruiseñor derrama
en tus sentidos.
El amor se diluye en silencio
por los remansos de ese río
que es la vida
sin razón humana.
Mas al volver de aquella esquina,
cuan cielo estrellada,
lluvias de estrellas dormidas
sellaron tus labios, al alba,
de besos, caricias acunadas.
Volcán que inunda tu alma
de silencios ciegos,
manos mudas, entrelazadas,
arropadas, adormecidas
en el baúl de tus sentidos.
Por siempre enamorada.

18. HILACHO

Me ha traído una golondrina, antes de marcharse, un hilacho desprendido de un beso que le diste al viento. Lo ha depositado en el cajón de mi memoria. Lo abro todas las noches y surge en mí esa reacción, la revolución de mis sentidos.

Solo el silencio de tu silencio, cuando se junta, frena en seco el hacer diario, dejas de ser aquel para ser tú, para descubrir quién eres y dónde estás. Pide a tu silencio que pase deprisa, porque si se hace hueco en ti solo verás, pero nunca mirarás.

19. TARDE DE SÁBADO

Tarde de sábado que con música transita, perdiéndose el tren cada minuto a golpe de recuerdos Cierro los ojos desde la soledad de la salita de estar y dejando en libertad a mis sueños, a mis sentidos, a mis recuerdos.

La paz inunda mi alma sabiendo que todo mi empeño ha sido, hasta ahora, hacer el bien. De nuevo inmerso en las estancias vacías, donde no existe ni espacio ni tiempo, todo me recuerda a ti.

20. CONCIERTO

Por muy difícil que sea la partitura, siempre estarán juntas las blancas y las negras. Solo el amor con su armonía, con su sonido, las conjugará en una hermosa melodía.

Las sombras de la noche apagan lentamente el recuerdo de aquel que fue y se apagó, el fuego de un amor. En silencio quedan los besos; cuan hojas de otoño, se caen y se los lleva el viento con una triste melodía para recordar, como la sonata de aquel viejo piano.

Cada tecla, cada nota, ha sido una de las páginas de tu vida, que, una vez que la escuches, se pierde entre el compás de la siguiente partitura.

Solo te das cuenta cuando de esa misma partitura que es tu vida, la que escrita llevas en tu corazón, parte el último arpegio, recuerdo de aquel primer beso que nunca, quizás, debió existir.

Piano que duermes, deja que la guitarra suene en la arena saliendo desbocada. Aquel cantaor diestro te recibe en el albero de aquella toná, silencio de silencios.

Manos maestras que acarician, rasgan cuerdas divas, amarga música de sentimientos a los que, con su voz ronca de flamenco, hace hueco en su alma con maestría inolvidable en su faena memorial.

Tarde de silencio y fuego que deja para siempre impreso en tu alma, la de ese cartel en la terna de tu vida.

No hay fiesta sin toro y torero, ni cantaor sin guitarra que le acompañe, ni piano sin manos de maestro que acaricien sus teclas.

21. El balcón del tiempo

Sombra que, perdida,
de implacable belleza recortada,
en el ocaso de una vida sembrada,
como en noche oscura olvidara
recuerdos plenos, amada,
y de silencios dormida.

Allá el viento, ese en el que la caracola de mis sentidos te haga llegar un susurro que pliegue tus inquietudes. Deja templar tus miedos, sal a ese balcón del tiempo y que su calor y su luz se asomen y lean en tu alma esa verdad que buscas, esa verdad que te persigue. Mírate despacio en el espejo de tu alcoba y encontrarás el sentido de mis palabras. En ellas están la paz y el orden que tanto desordenan tus pensamientos.

Duerme despacio, duerme lento, amor, y vive ese momento que necesitas.

Aunque apenas me di cuenta, mis años han caído como hojas movidas por el temporal de la vida y mi luz ya se va oscureciendo, se consume irremisiblemente como la llama de una vela.

Vive y sé feliz, haz el bien sin mirar a quién y márchate sumida en la humildad de tu paz, igual que yo me voy.

En silencio, sin hacer ruido.

22. DE AQUELLOS LIBROS VIEJOS

Sombra, luz que a renglones, pegada de candil y vela, miraron ojos hundidos por el saber, por tener ese conocimiento de un tiempo, de un segundo en el instante de una generación.

Casi derruidos los techos que soportan tus silencios, horas y horas muertas, devaneos, quimeras, historias, misterios que a una página sujetos aún se os ve, prietos en los estantes, cargados del rancio polvo que os cubre.

Gracias por dejar la constancia de un momento vivo en las almas de vuestra contemplación, de vuestra lectura.

Versos y prosa perdidos entre legajos, historias de pensamientos desconocidos en letras impresas, legajos que pierden su tiempo en un calendario sin fecha.

Gracias por vivir. Aún alguien considerará un honor tener en sus manos algún que otro vetusto legajo donde descubrir su inmensa ignorancia.

No dejes nunca de coger, cuan ramillete de rosas, tu pluma, escritor, poeta, desde la contemplación de un pensamiento convertido en prosa, en verso; esa con la que castiga mi alma, ese látigo cargado de furor que enaltece el alma del incrédulo, esa fuerza que zarandea las sensaciones perdidas entre renglones de gloria bendita.

No dejes nunca de anunciar esa buena nueva desde la vivacidad que nos perdure en un tiempo sin tiempo, sin fin.

Acudiré siempre, como Lorca, a mirar en el espejo de tu alma la esencia de una vida de verdad, de silencio inmerso en el amor de un pensamiento.

23. LA TRISTEZA

La tristeza es el vestido que cubre un sueño irrealizable. Tal como la felicidad ocupa un pequeño espacio de tu vida, el resto es una lúgubre, fría y desolada rutina.

Mira en el oscuro silencio
la soledad que cubrió tu alma.
Siempre verás una pequeñita luz
allá, en lo más profundo de tu ser.
Es tan solo la esperanza, esa,
sí, la de seguir hacia adelante.

24. A LOS QUE YA NO ESTÁN

Noviembre, paleta de pintor con sus ocres, claros, verdes, oscuros; ramillete de color; mar sin miedo que de primavera llegaste, dejando mis ramas sueltas y mis hojas caídas en un pensamiento de letras en luto envueltas, impresas en mármol; amor que, dividido, me llevas de la vida joven a la vejez y al silencio.

Noviembre de poetas muertos, plumas calladas que ya no escriben versos, coplas de amor olvidadas y tristes perdidas en el viento. Y rezaré de nuevo para que veas primaveras sin mí, porque yo… ya estaré muerto.

Tras pasar por el último penal y mi vista perdida por sus pasillos, despacio, detenidamente, reviso el diccionario, alfabeto de nombres, amalgama de fechas, de recuerdos y lágrimas que, perdidas, han regado la flor del pensamiento.

Un pájaro triste y solo revolotea libre, buscando aquel árbol que lo espera. En su libertad he depositado mi alma y solo miré hacia el horizonte, dándole gracias a Dios por dejarme ver y rezar en este renovado día a mis seres queridos, a mis muertos.

Déjame dormir despacio las estrofas de tu libro quietas y ensimismadas en tus hojas. Deja volar el vientecillo, silencio de noches mudas, solo quebrado por la tenue luz de aquel candil que asalta los miedos, que el sueño eterno nos produce paz, solo paz en la arena, amalgama de un ramillete de palabras convertidas en verso cuando culminan los sueños Que ese vientecillo que mueve el jardín de las flores secas despeje los silencios y traspase la sed de los mejores recuerdos.

25. A LA MUJER ANTEQUERANA

Estoy pensando en pintar un rostro de mujer antequerana enamorada. «Su sonrisa me fascina», decía el pintor en aquel banco al poeta, y este le respondió:
Por ventura
de un rosario desprendida,
la hermosura
antequerana,
cuan escondida
que el sol
descubre dormida
entre trigales
y auroras tempranas.
No solo tu rostro,
hermosura.
Eres esa copla
al viento, envidiada,
que en primavera
duermes ocultada
de noche y de mañana.
Mira, niña, que esperas
desde el
Torcal y la Peña
encantada
a un galán
que te corteja.
Mira, niña, ese amor

que has despertado
como tú, mi vega,
tan joven y encandilada,
por siempre en primavera,
sonriendo enamorada.

26. EL DESPERTAR DE UN SUEÑO

Cada gota de agua es un recuerdo y cada golpe que salpica hacia el cielo es la página del libro de tus sueños.

Tenías un sueño y lo hiciste realidad sin saber el final. La vida te enseñó, nos enseña, que los finales de los sueños, aun convertidos en realidad, son incógnitas que solo tú descubres cuando al tiempo se le acaba el tiempo.

Horas que dejaste caer en la felicidad de un engaño, precipicio de esa cascada cargada de vivencias. Mas todo despertar del sueño queda en silencio, ese que el aire se lleva al triste, solitario y apartado baúl donde guardas tus secretos.

Unas veces son asombrosos y otras te despiertas sobresaltado y topas de frente con la realidad.

Camina como el agua, sé transparente, pero, bien o mal, busca siempre la paz para tu alma, mira en esas gotas de lluvia que configuran tus pensamientos.

Cada palabra es un esfuerzo, como cada frase la secuencia inacabada de un pensamiento. ¿Cómo pensar en más si el más, al parecer, es nada?

Calla al silencio, dale un fuerte abrazo, no le permitas ni una frase. Es más, susurra una nana para que duerma sin miedos.

Enciende esa vela roja, cuya llama olvidada
ilumine la estancia oscura de la tristeza.
Sueña que un sueño es sueño.
Y sueño,
ese es
tu sueño.

27. El parque desde aquel banco

Vi pasar aquel reloj sin tiempo y jamás encontré bastón alguno con tal sinfonía, letra, música perdida entre su caña y el sueño que le cobija.

Palabra, ribera que abre el alma solitaria, rincón perdido, dormido en el embeleso de una sinfonía inacabada de rimas, de versos que claman a la vida desde el silencio de una verdad que se pierde en el tiempo.

Hoy las cuencas de mis ojos ya están vacías de tanto brillar por un amor que se pierde por las orillas del pensamiento. Esas hojas otoñales caen como los años, irremisiblemente, muy despacio o de forma violenta, según el viento.

Hace ahora fresco y, al compás de un vientecillo suave, nos recuerda lo que significa cada momento del momento.

Brillaron, sí. Al oír pronunciar un nombre, los ojos de aquel personaje irradiaban la dicha, misterio de los sentimientos.

Hoy mi tiempo se debe al recuerdo vivaz de aquella imagen que tan solo pronunciar su nombre en mi memoria era la causa, era la excusa para, sin darme cuenta, encender el verso silencioso de un amor eterno. Hoy, como otoño, sin más, solo queda su imagen en ese baúl de mis recuerdos.

Sendero de lozas que abrigan la mirada triste de un sol, ese que penetra en las ramas de los árboles, y que juguetean con mis pies cansados. Demandan un alto y parar un momento, descansar en ese banco que espera. Desde el altozano lo veo y al frente es verde, ese que ha sido mi esperanza, mas si alzo la vista veré un otoño caer lentamente

> sobre la pesada carga que soporta
> mi bastón de recuerdos.
> Cerraré mis ojos un momento
> y desde mi interior contemplaré para siempre
> aquel inmenso amor
> vivido en tu parque.

28. LA MIRADA

Cuando el silencio
es traspasado por una mirada,
sobran las palabras,
hablan sus almas,
hablan
sus sentimientos.

29. LA PLAYA

Silencio.
Cae la tarde
en silencio.
Belleza del ocaso.
Brisa de mar, espuma
que juega con el viento.
Carita de un sueño
bajo arena de
aquella playa
de sueños.

Mira despacio la luna, esa huella que dejan tus pies al caminar. El agua que trae mansamente la ola viene, llega a tu playa para borrar, para robarte tus huellas y acunarlas en el corazón de un recuerdo.

El reflejo que contemplas es el camino que sigue hacia un corazón enamorado del tiempo en el silencio del espacio.

Ese que precede
a cada movimiento de tus olas,
de tu belleza.

30. NATURALEZA

La naturaleza es tan sabia
que manifiesta la felicidad
en el hilacho
de una agradable sonrisa.

31. LA MIRADA

Cuando miro tus ojos,
en su belleza
está reflejada
la esencia
de un amor
que hace perder
a mis pobres
sentidos
por el camino
de la locura.

32. LA SONRISA

No tiene importancia el tiempo,
pero para mí
cada día amanece
con una nueva sonrisa,
esa que tu rostro
grabó en mi memoria.

33. BUSCANDO LA PAZ

Más allá del orgullo y la distancia
impuesta por la incomprensión
del ser humano
se encuentra la paz,
tanto en el espíritu
como en el alma,
siempre que exista
humildad, amor
y esperanza.

34. LUCERO DEL ALBA

Miro por la ventana,
tras los barrotes
que encadenan mi alma.
Miro y veo
el lucero del alba.
Noche oscura
que marca el tiempo
de mi descanso
en ti, amor.

35. El sentido de los sueños

La música se lleva en el corazón.
No es necesario
despertar al silencio.
La partitura está escrita
en el viento,
y deja muda su sonata,
que brille con luz propia
e ilumine el sentido
de los sueños…

36. AMOR SIN EDAD

Quien puso fronteras de tiempo al amor pienso que es como poner puertas al campo.

¿Qué más da si se tienen veinte años, treinta y siete o sesenta y seis? Las diferencias no existen, es esa época de los enamorados cogidos de las manos, pisando las hojas secas de aquel parque, multiplicidad colorista de sus árboles cobijando a ese beso

robado,

regado con un

te quiero.

37. REMANSO DE PAZ

Que tus ojos tengan
siempre esa mirada
limpia, transparente,
sincera, relajante, sosegada,
de sencillez, como el agua
cristalina en la cascada.
Acude, remanso de paz,
estanque de espejo,
corazón noble sin igual
impreso en tu cara,
acunando tus recuerdos
en las sábanas
de tu cama.

38. ESTROFAS DE HISTORIA

Desaparece la huella
cuando un corazón
clama de un amor.
¿Dónde estás estando?,
se pregunta, no quiere perderlo.
Solo el viento hace golpear
estrofas sueltas
de versos rotos
que se pierden en el aire,
estrofas de historias que
sirven al ser humano.
Unas se quedan
y otras se marchan
al sueño infinito
de los silencios.

39. EL BESO DE LA BRUJA DE ROJO

Dejaré aquel,
tu beso, en mi alma,
almacén de mis recuerdos.
Esperanza que mis sueños
arropan en esta
larga noche.
Tristeza
solo de sueños,
que será de aquel sueño,
de aquel carnaval,
de aquella brujita de rojo que me besó,
alma perdida entre las sombras
que me hizo deambular por calles y plazas…
Que será de una vida ilusión quizás,
un sueño tal vez.
Aún tengo el recuerdo de sus labios en mi alma,
nunca se borrará en mi caminar por la vida.
Desde hace ya tanto tiempo
que ni el propio tiempo
puede borrar la huella que me dejó.
Miraré de nuevo, como cada primavera.
Ver crecer la hierba, ver crecer esa flor,
ese pajarillo salvaje y atrevido
que dejó en mí tan profunda huella.
Desearé que vivas tu juventud
y quizás algún día, en mi madurez,

te encuentre.
Entonces ya no sé si podré
devolverte el beso,
ruin recuerdo que dejó
mi alma atormentada.

Hoy ya, con mis últimos ropajes puestos, desde aquí y al aire, te mando un beso. Quizás tropiece de nuevo contigo, y es posible que el destino cruce otra vez aquellos caminos que un día se encontraron.

Un carnaval por la Alameda.

40. CALENDARIO

Tápeme la nieve
a este amor sujeto,
cubra sin más
nuestro misterio,
ese, un calendario
perecedero,
sin números
de nuestras vidas,
secreto.
Solo la historia
nos recordará
que fue
de nosotros.
Luego.

41. ESPEJO DEL AGUA

No mires la cara oscura de la mentira, del engaño,
mira tu rostro en el espejo del agua.
Ella se llevará tu error,
aunque tu rostro permanezca en la superficie.
Todo es relativo.
Y nunca luches contra corriente.
Sé tú.

42. LA BELLEZA DE LA PAZ

El amor inunda los caminos
por donde transita,
los colma de felicidad.
A veces, y tras ese porqué,
cambia el rumbo y te aleja,
te olvida por esos mundos de silencio,
sombras, tristezas y amargura.
Pero sobre todo, si eres siempre tú,
tendrás la belleza de la paz.

43. ¿DUERMES, AMOR?

Camina lento el tranvía
con un reguero de sueños.
La calle dormida y solo
aquel banco espera
el sabor de un beso.
Magnolio, naranjo, jazmín,
soledad y silencio.
¿Duermes, amor?

44. MIRARÉ…

Miraré entre la sombra perdida de una página, libro insistente que cruza en tu horizonte y te coge sin pluma.

Estaré inmerso en un sueño inalcanzable, estaré entre la sombra y el sueño pausado imposible, y cantaré al alba una canción triste de despedida, y solo y en silencio marcharé con tu recuerdo.

Miraré al cielo y a la tierra, en ella contemplaré la sombra del clavel marchito, inerte, muerto, y escribiré en el aire un hasta pronto. De tu mano aprendí a comprender parte de mi tierra, esa Andalucía de luz, de color, de aromas, de sangre, de sudor, de llanto.

Silencio frío en una lápida sin nombre, incógnita infinita de un soneto inacabado.

45. Cómo somos

Encendiste la luz porque no veías en tu noche…

Amanece y sale el sol con gracia y salero para bañar tu rostro, para darle luz a tu alma… y el aire, ese aire que en la montaña respiras puro, elimina la carbonilla de la tristeza, de la amargura, por un instante. Busquemos los senderos más apropiados para llegar a una meta, esa a la que nadie le apetece llegar. Pues que nuestro esfuerzo sea ese, ir lento, apropiándonos lo bello, lo sencillo, lo natural, pero siempre con una sonrisa, aceptando cómo somos.

Incertidumbre, puesta de un sol cargado de dudas, sombras que oscurecen la blanca nube de mis sienes. Castigo de mis errores, solo con un pie asentado en tu incógnita de la verdad, ermita que al viento solanas las verdades de mi vida.

46. DE UN PENSAMIENTO

Lo bonito es bello por naturaleza, su naturaleza es sobrecogedora, extraordinaria de noche o al amanecer, es como la sombra de mi sombra, nunca doy con ella… Es el enigma, es como mis sueños, duendes de piedra que juegan con mi alma La sorpresa de aquel bosque marmóreo de color impreso que deja sin aliento al pensamiento y al alma, murmullo de un ¡oh! que a hurtadillas desconcierta al tránsito de tu garganta, parpadeo incesante de una visión única.

Nacer al mundo es el camino
que seguimos hacia la muerte.

47. REFLEXIONES

Piensa en pensar,
que el pensar
es un pensamiento,
ese mismo
que te hace
pensar.

48. LA VISIÓN

Cada punto,
a diario,
es la frontera
que separa
tu visión.
Es como
un suspiro.

49. TE SUEÑO

Sueña despacio,
sueña lento,
no te asustes
por el sueño,
es solo un sueño.
Y, como tú,
yo también
te sueño.
Duerme tu sueño eterno en la contemplación,
quizás, de ese último ocaso.
Duerme plácidamente hasta que te encuentren,
hasta que te cojan y quieran recordar
las olas de tu mar, las que guardas en tu sueño.
Duerme, duerme, duerme
y, si te encuentro,
háblame de tu mar
y de sus secretos
mientras te sueño.

50. VIVIR DEPRISA

He mirado despacio
el reloj de mi vida.
He visto que me crecen
las horas como días
y que el viento se las lleva,
casi siempre
con mucha prisa.
Aunque pierda la luz de mi vida,
quedarás en mi alma impresa,
y cuando el gallo cante luego,
ya no estaré en tu historia.
Contempla tu reloj.
Ahora las horas
pasarán lentas,
otras muy deprisa,
y tu silencio
será luego…
mi eterno
recuerdo.

51. AL QUE SE FUE

Desprendido de aquella montaña,
el cielo bajaba despacio a ver mi triste rostro,
una sonrisa, el sol en mi cara
y un aliento en mi alma por el viento.
Cuánta razón la de aquel viejo.
Lloro en silencio la ausencia.
Vive, vivo y dejo vivir al corazón.
Que la pena sea leve.
Y con una mirada de nuevo al cielo,
sea la luz en mi recuerdo.
Anima tu alma, como yo la mía,
por esos caminos de la vida,
y que tu mañana, igual que a mí,
se renueve al instante.
Bebe vino, caminante, y en este día
escribe lentamente cada palabra
en una nueva historia,
en una nueva poesía.

52. EL HOMBRE

Toda la ciencia se debe
a un estudio profundo.
El alma, a veces,
no es el pensamiento común.
La racionalidad está
en la certeza de
esa verdad
en el individuo.
Abre tu mano y tu corazón
y estrecha contra tu conciencia la fe de Cristo,
abrázala con toda delicadeza,
como si fuese una hermosa flor,
deposita tu vista y guarda
esas sensaciones en el libro
de tu hacer diario.
Respeto, humildad y comprensión
para el ser humano.

53. OCÉANO

Océano, mar en calma cuan espejo,
reflejo perdido en el ocaso de mi vida.
Tímidamente te marchas como yo,
despacio, embelesado
en la belleza de tu contemplación.
Canción y cuna, escaleras,
rincón soñado
que subes sorprendido,
espacios, arena,
árboles dormidos,
luz y sombras,
atardeceres,
ocasos perdidos…
… de ese aire querencioso que a mis venas acude,
salitre de verso y amor que a playa recóndita refresca.
Agua, espuma que blanquea el cielo,
nube esa que mueve el mundo y la magia del encanto,
calmando la sed
del amor, de todo lo bello.

54. LLUVIA

Calma el campo su sed
con agua de lluvia regalada.
Visión tranquila, sosegada,
ducha, manantial bendito.
La que baña la cara,
el cuerpo de mi vega,
la del Indio dormido.

55. UN SOPLO DE AIRE

No puedo besarte, pero sí, desde mi altura,
respiro tu aire,
ese que atraviesa el río que nos divide,
e igualmente tan solo lo que nos une,
el cordón umbilical que lleva tu nombre…
y el aire a azahar que me trae tu viento.
Eres para mí
ese amor imposible
que vivo desde la lejanía,
teniéndote tan cerca.
Y si alguna vez tu imagen en el cristal,
espejo de tu sombra, refleja una palabra en tu río,
no es más que la devolución,
ilusión del beso
que desde mi silencio te doy.
Solo la noche ahoga la palabra.
Solo la luz del día
deja ver en la oscuridad
mi alma desde la distancia.
El silencio eres
solo tú.

56. EL ROPERO

Mira a tu espalda,
espejo en el ropero,
tu impronta imagen,
sonrisa de un te quiero.
Perlas y rubíes
adornan tu cuello,
reflejos de luz
a mis ojos viejos.
Dame tu mano,
alzando al cielo
besos de rosas
prendidos a tu pelo.
Dime ahora
qué daría yo por
ser tu ropero.
Dime ahora…
qué daría yo
por ser espejo,
y cuando en él te mires
te dé un beso.

57. Serás tú

Respiro el aire y serás tú.
Miraré al sol cerrando mis ojos y serás tú.
A la luna despacio la besaré y serás tú,
como aquella tarde en aquel banco,
bajo la sombra del naranjo en flor,
aroma inconfundible, y serás tú…
Y volverán de nuevo mis recuerdos
a las páginas de tu libro.
Y esperaré paciente a tu lectura.
Y seremos felices en los sueños.
Amor este que nos abraza,
nos atrapa sin cordura,
nos separa,
nos tortura…
¿Será de noche?
¿Serás tú?

58. Piedra y agua

Piedra quieta que al sol miras áspera y prieta,
de grietas llena, mirando al sol que cada día
te ve amanecer.
Agua que en su día forma te dio,
ola que vas y vienes entre veredas verdes,
en concierto inacabado.
Eres fuerte, seria, alta y baja,
arista que duermes en ese horizonte,
que como la espuma del mar
te pierdes en el sentido de mi admiración.
Patrimonio de la Humanidad,
nadie sabe de tu secreto más que yo.
Eres… viento, eres sol, nieve, oscuridad
y aterrador de sombras quietas
y de una singular belleza en esa luna de agosto
enamorada de ti, como yo.
Eres pasión, silencio, olor a primavera,
belleza cárstica inigualable.
Eres solo eso,
un mar de piedra
hecho sueño,
mariposa pétrea que revoloteas
sobre el inmenso jardín dormido
en el silencio de tu primavera despierta.
Color, olor, silencio de tomillos y romeros,
canto de un ruiseñor perdido entre tus peñas,

fotograma de aquella cabra hispánica,
la que al sol sestea desde tu cumbre,
admirada en el misterio
de una contemplación
que el tiempo poco a poco modeló.
Desde allá contempla
el paso del tiempo.

59. LA FLOR EN LA MACETA

Sola en este jardín perdido, flor escondida,
que solo te acompaña la música del momento,
ensueño que guarda tu belleza,
rosario de piropos que por mi parte te cubren.
Guarda tu belleza como aquel viejo jardinero
que mimosamente te cuidaba,
a la sombra de helechos y pilistras,
según decía, y agregaba:
«No rompas su silencio,
deja que mansamente disfrute
de su primavera.
Es muy corta y tan solo
su visión
es mi felicidad».

60. VIVE DEPRISA

Vive deprisa
con tu color y hermosura.
La tierra perderá
la humedad que te sustenta.
Despacio, el silencio
se apropia de ti
y cumples un nuevo tiempo,
perdiéndote luego
en el anonimato
de la sequedad
que acogerá tu fin.
Morir para resurgir
de nuevo.
Y solo te queda saber
que el Indio dormido
estará por siempre
para ti.

61. LA LUZ

Cambia tu luz, mi alma,
desde el silencio,
en la brevedad
de tu belleza.
Solo nos queda
un recuerdo que fue
sincero desde el alma.
Se acabaron el sueño,
la noche y el alba,
y aparecieron sombras,
pérdidas que asoman
cada mañana.

62. EL RETRATO

Mira despacio
el retrato de tu vida.
Es posible
que te resulte
agradable
y a veces
incongruente.
Sé serio
en tu determinación,
nunca mires atrás
si en tu conciencia
lo hiciste bien
y trata de ser
feliz.

63. PENSAMIENTO I

Las lágrimas
que brotan de los ojos
caen a la tierra
y van al río de la vida
si son de tristeza,
pero siempre vuelven
a ti,
cargadas de una sonrisa
plena de felicidad.
Ser feliz
es sonreír
ante cualquier eventualidad.

64. PENSAMIENTO II

La vida es una cadena de sucesiones.
Unas veces aciertas y otras
te das cuenta del error
que cometiste en su día.
El tiempo te destapa las buenas personas
y te clasifica a las tóxicas,
que hacen tambalear tus principios,
tus valores, poniendo en entredicho
el buen hacer que siempre has tenido.
La gratitud desaparece, la sencillez y
la humanidad quedan en agua de
borrajas.
Nada de todo lo bueno que hiciste
tiene valor alguno cuando
todo cae en el olvido.

65. EL CANTO DEL GALLO

Canta el gallo
que al campo despierta,
amanecer,
que al lavar mi cara
con el agua fría
y mirarme en el espejo
no me encuentro.
Solo veo
la desnudez
de tu cuerpo
en mi despierto
sueño.

66. TU MANO

Y aquella mano
que acaricié
el viento la elevara
al celeste,
cuan columna
de mar.
El verte
llevándote
mi corazón
de frente.

67. INTIMIDAD

Tiemblan mis manos
en la pequeña redondez
de tus pechos,
ilusión
imborrable
de recuerdos
que en nubes
adormecidas
el viento lleva.

68. EL LETRERO

Viajaré lento
por las hojas del otoño,
mas luego
serán pasto, infierno
del frío de mi silencio.
Pedirán clemencia,
y el viento las hará volar
durante un periodo,
visión si alas
que al suelo las lleva.
Como yo,
tomar tierra cuando
así fuere
y desaparecer
del pensamiento,
quizás querido,
quizás odiado.
Pero la llama irrefutable
de la mariposa, que alumbra
el letrero de mi nombre,
hará vibrar
en su espejo,
las noches dormidas,
silencios para alguien
quizás
de un recuerdo,
de un pensamiento.

69. AMANECER

Lenta la noche pasa,
como sombra
de sueño enfundada,
calma lenta que alzara
la voz sonrojada
en la mañana.
Despierta, pensamiento,
que, como yo,
el amor te reclama.

70. DIME

Dime, camino,
de dónde vengo,
dónde mis pasos
encamina mi verso.
Es como una hora muerta
en el silencio de una hoja
caída en invierno,
sin amor,
abandonada
y sin recuerdo.

71. EL ALBERO

Ronca el ruedo maestrante,
capote que besa el albero,
requiebros, silencio quieto
que despiertan al instante.

Sola, sin tomillo, sin romero.
Solo la frialdad de tu loza
duerme tranquila ahora,
colgado el traje en tu ropero.

Cuando la bella aurora,
la luna, bese tu frente,
nunca estarás sola,
tendrás compañía siempre.

Con mis requiebros ahora,
que tienes y te enamoran,
sueños de primavera
y otoño que te duermen.

Juntadas las manos,
mirando los cielos,
estrellas tus ojos,
que lleno de besos.

Jugando al amor
por jardines inmensos,
besando tus labios con ardor,
como nunca lo he hecho.

72. ¿ERES TÚ O ERES UN SUEÑO?

Parpadeo incesante
que al acantilado asoma,
haciéndote volar con el viento,
intentando llegar a la profundidad de tu secreto.

Solo el pensamiento cuenta
el cuento silencioso
de aquella mano
que acarició tu seno.

Cuánta tolerancia en su quietud,
desordenando mis sentidos
como esa mirada de aquel rostro
impreso que ante mí tiembla como yo.

Locura de aquellos labios
que rozaba el viento,
parcelas celestes
del más profundo deseo.

Claridad del alma, asomada a mi piel
con aquel roce celestial que los tiempos
guardan para siempre
en el baúl viejo de los recuerdos.

73. Fuente de vida

Calma tus nervios,
reposa tu alma
y que el silencio
de la noche
descanse tu cuerpo
hasta el alba.

Bebe agua de la fuente
sin miserias,
enciende una
vela al viento
que ilumine
tu mañana.

Camina tranquilo,
camina lento y
rézale a Dios.
Y da gracias
por ver la nueva luz
cada mañana.

74. LA FAENA

Estocada que hasta
el corazón llega,
silencio que una terna acaba.
Maestro que finaliza
su faena
con una precisión que
demuestra
una gran destreza,
a ese morlaco espabilado,
fiero y asabanado,
cargado de nobleza.
Vida que en el albero, quieta,
termina su tiempo de espera.
Maestro, qué gran faena.
Las dos orejas y rabo,
con vuelta al ruedo lenta.
Y sin más, se abre
la puerta grande,
que ya espera.
Las gradas, todos en pie,
aplaude la plaza entera.
Y sin más, a hombros
de los adinerados
ya se lo llevan.

75. LUZ

Está todo en el sentir,
en el aire,
cuan cascada desprendida,
crines, pensamientos
al aire de los sueños.

Es ese mirar,
ese contemplar la belleza
de esa fuerza,
nobleza que cabalga
por el hilo de los tiempos.

76. OCTUBRE

Octubre, ocres, claros, oscuros,
ramillete de color,
mar sin miedo

que de primavera llegaste,
dejando mis ramas sueltas
y mis hojas caídas
en un pensamiento loco y suelto…

Amor que dividido
me llevas de la vida joven…
a la vejez y al silencio.

Octubre de poetas muertos,
plumas calladas
que ya no escriben versos…

Coplas de amor
olvidadas, tristes,
perdidas en el viento…

Y rezaré de nuevo
para que veas
primaveras si mí…

porque yo
ya…
estaré muerto.
Palabras vacías.

Solo leo las palabras vacías sin sentido. Solo pensamientos, quizás, que conduzcan tan solo al reino del ego.

No leo humanidad ni mensajes que nos sienten ni cinco minutos en mirarnos, en analizarlos desde dentro de nuestro ser.

Leo odios ocultos, envidias sin parangón que se dan de bruces contra el muro de lo incomprendido y la lógica razón.

Yo sé que soy un desastre, cargado de preparación sin sello, con una opinión que tratan de inculcarnos y contra la que mi torpe cultura lucha sin respiro a través de los tiempos.

Necesito parar en seco, reflexionar y conjugar nuestro pobre intelecto con una verdad existente, inalienable.

77. HAS LLEGADO YA

El viento susurra en la calle y yo, desde mi lúgubre rincón en la mesa blanca, sobrevuelo el espíritu de tu mirada, observo con detenimiento la miel de tus ojos, la serenidad de tu rostro, observo la candidez del nuevo estallido de colores. Eres tú, detecto tu presencia.

Ya abren las flores tus pobres árboles desnudos del invierno, ya comienza a brillar de nuevo un sol radiante, ya el rocío de este momento descansa sobre la palabra en su expresión más directa. Vuelan de nuevo las palomas sobre la fuente de la ilusión, sobre el rayo azul de este cielo misterioso, blanqueado en sus nubes por flechas de seda de tisú en plata.

La acacia, el almendro, la ortiga, el fresno, la higuera, el cerezo, los manzanos, los ciruelos saltan a la vida activa, a la vida del color. Miro despacio en la rosa, miro de espacio tu pelo, tu boca, miro despacio tu cuerpo, tu razón. Deseo descubrir tus pensamientos, deseo descubrir la sinrazón que se abruma, la que salta por las yemas de tus ramas. Te encuentras tras la puerta, ya entras de nuevo por el salón, ya te sientas a la mesa. Ya, justo a mi lado, tú. Te siento junto a mí, alrededor, haces temblar a mi pobre corazón cansado de quererte, cansado y aburrido por el frío interno en el paciente despertar del amor.

Qué suavidad la que desprende el aroma de tu presencia, la de la ilusión renovada por esa savia nueva que añora de repente. Le quito de nuevo el polvo al diccionario de mi vida, rebusco en sus viejas páginas piropos y así me siento algo más contento. Cada día te veo más lejos. Vuelven las golondrinas jugueteando en la superficie del agua de la piscina, son las primeras de tu embajada, son las portadoras de nuevos romances y amaneceres llenos de alegría, de vida, de pasión. Traen tras de sí la larga cola de las ilusiones, de los viejos y nuevos recuerdos. Yo sigo consumiéndome tras mi cigarrillo, y en las volutas del humo me paro a contemplar la candidez de tu expresión, veo el reflejo de lo que será el próximo alumbramiento de mi jardín.

Un viejo coche de bielas fundidas, una furgoneta cargada de leña hacia el fuego camina, una oración de penitencia por Semana Santa, una canción del olvido por un adiós envuelto en ropaje viejo, una mirada triste veo en tu rostro. Yo quiero verte reír, esa risa tuya que he descubierto, alegre, sencilla, como ese niño pequeño, una risa fiestera, pausada, espontánea, una seriedad de repente, un mutismo sepulcral que deja tras de tu alma, en un instante, una recopilación de datos para la información de mi vida, una vena de sangre roja que al herir salta a borbotones, un clavel rojo en tu pelo, una rosa en tu mano, un jazmín blanco para mi alma, un árbol gigante que me dé tu sombra, una alfombra de hierbas que soporte nuestro descanso, una mano amiga que te tiende el aire, la ilusión, la vida, el amor y la belleza natural y salvaje, una mano abierta que tiende su palma al cielo para solicitar perdón, un abrazo envuelto por el duende de la noche, por el soplo de la brisa, por tu aire, una mirada fija como mi alma a la roca retorcida de piedra, atada por la enredadera, por la hiedra verde que asciende a tu balcón. Un balcón lleno de flores, unas flores llenas de vida que añoran a la luz, savia nueva renovada, concierto de pájaro, exposición de luz, respeto por tu ausencia bienvenida… Un pintor que camina hacia tu espacio, un poema para el poeta, una contemplación para el pensador asceta, un triángulo sin vértices para el filósofo.

De luto cambia la tierra, se viste de flores, se nos alegra el corazón. Qué verde mi campo, quieto, pequeño, pero fuerte, decidido, presto a renovar sus yemas en frutos más adelante. Tu juventud alocada, sensible, inconformista, irascible, noble y natural. Saltas de nuevo cuando te asomas a mi balcón. Cada día te aguardo aumentando mi paciencia, pero siento más larga tu ausencia, ausencia prolongada de un día que es un año y de un año que es una vida. Castigo para mí, arropado de telas de hielo, arropado de miedos por dentro, de frialdad por fuera, de pesadumbres y oscuridades donde veo ya tu horizonte amanecer de nuevo. Ya sale el sol, cabalga con fuerza, con decisión, cuando vuelvas de nuevo a mi vega.

¡Eres tú, mi primavera! ¡Has llegado ya!

78. EL CAMPO

Camino despacio por la senda iconoclasta del aplanado terruño, a fuerza del sudor corporal, el trabajo y el cotidiano golpeteo del deseo en ver convertir la realidad y el dinero invertido en fruto comercial y de renta dinerario. Mas, ay de mí, que el fuego me consume en la desgracia, entre los titubeos de los tiempos y las tormentas que ocasionan los hombres.

Machacan con pedriscal inacabado la techumbre de mi descanso. Acuden en mi desasosiego los agrios recuerdos de una juventud que no he tenido, gastada en efímeras quimeras de progreso, y aquí mismo me encuentro, amarrado al duro banco del esfuerzo que comencé y aún no he terminado por descubrir.

Cuando arrojan la simiente, encomiendan el espíritu al santo del día, como a los demás, y se acuerdan de tiempos pasados peores, y de los venideros sin futuro, rezando de nuevo, más. ¿Para qué perseguir efímeras glorias?

Todo vano auspicio de éxito se ve abocado al desmayo de la razón. La simiente es atacada por la cizaña y las malas hierbas corren en su propio haz de descanso, de reposo, y mis entrañas se ven maltrechas y erizadas.

Nos, pensadores y filósofos invictos en sabiduría que nunca aprendimos de los demás, tomamos la experiencia obligados al estudio, mas, eso sí, recordamos los éxitos y los fracasos y los analizamos y les tomamos la razón de ser.

Cuando la *vedette* del espectáculo, esa estrella, sale a la palestra escénica, de todos es codiciada, pero para entenderla hay que vivir al instante en ella misma. Los monstruos de la noche en las sombras ocultan el desvirtuosismo de las malas acciones, que no cesan en querer obstaculizar, en vez de ofrecer ayuda. Se gasta el tiempo en inflar el globo del desánimo y al cañón más plomo se le carga.

El filo de la hoja hace hervir el viento del nervio que, añado, lo contempla, mas prestas están las propias neuronas a transmitirnos su daño y reaccionar de forma contestataria según de dónde venga el tema.

Sentado él como la hamaca de mimbre, frente al hogar, al calor de la lumbre, pausadamente balancea sus condiciones enfermizo de fondos, hasta el mismo gorro de favores embriagatorios que entronizan la acción, intereses prestatarios que menoscaban en la garganta, como si de bufanda de hierro fuese todo, para salir trasquilado, con dolor de cabeza, cabizbajo y debilucho del ser o no ser.

Si semilla o simiente ante la cizaña, ¿para qué? He rezado ante Notre Dame, he respirado el aire al balcón en las cataratas del Niágara, he reposado mi espíritu ante los pies de la tumba de Buda, he rezado ante los pies de la Virgen de Lourdes en más de una ocasión, he bajado a las profundidades de la tierra en las entrañas de las minas diamantíferas de Sudáfrica.

Esto no sirve para combatir la helada a destiempo, ni para espantar la mosca del olivo. Tampoco sirve para destruir a la araña roja de la alfalfa, ni tampoco para blanquear la tizne del trigo, ni el sinnúmero de plagas que soportan mi tránsito al cabo de los años de trabajo, ni las sequías.

Cuando sobrepasamos la esfera de plano, caemos en efluvios del sueño, mas, ay de mí y de mi llanto, estoy encerrado en ese vergel desierto, ausente y carente de ideas teológicas. Ya me lo decían mis amigos la otra tarde en el café, en el transcurso de la tertulia. Sócrates y Eurípides comentaban sobre la fuerza explosiva de la razón, Sófocles y Platón enzarzados en la rueda de las ilusiones banales y yo, el quinto a la larga en ese plato, expiando mis dudas sobre los asentamientos inocuos del ser en su expresividad más antagónica.

Cada uno dimos al traste en nuestros propios principios, pero antes bien quedó claro que el estar es saber acoplarse al cabo de la verdad.

Me apago como la vela cesariana, mas cuanto más aprisa ardo, más rápidamente se acerca mi propio final. Es triste ver luz y no ver, ver sombras y palpar a ciegas en la oscuridad, hurgar en el engaño y en la anorexia respirar.

Yo soy el campo, la razón y vida, ofrezco mis frutos a cambio del duro esfuerzo de los hombres, porque de hombres es el trabajo bien hecho, como siempre ha sido y lo será.

Huele a heno húmedo en la mañana fría, respiro el polvo del camino de un verano tórrido cualquiera, cae el sudor de mi frente como al suelo la almendra rota, un trozo de leña seca, la caída de la hoja del árbol viejo en otoño. Paz, descanso, sosiego, perdón.

CREENCIAS

1. Penitencia

Quiero vivir los trescientos sesenta y cuatro días del año inmerso en la oscuridad de mi túnica negra de tela lisa, simple, tocada con el cíngulo de la austeridad del esparto, salpicada de rojo por un escudo, el que me hace recordar la sangre derramada por los consentimientos de mis propios pecados.

Deseo vivir tan solo en el transcurso del año de mi vida, con un solo día de Gloria y Resurrección, para no hacerme olvidar que el penar es mi vivir, y el vivir es el recorrer de paso por esta para la otra, que es vida, paz y eternidad.

Entiendo que este es el camino de los justos y no el mío; yo me quedaré lo que valga en la balanza de mis obras y acciones, y no creo tener ascendencia a tal altura.

Estudio los pecados capitales del hombre en la profundidad de sus intenciones, mas yo, que aborrezco las comparaciones, me veo obligado a utilizar este método para aplicarlo en su repaso espaciado y general, contemplarlo y ver en mi propio espejo su aplicación.

Cuánta desilusión y vanidad rodea al hombre, el único ser en la creación que piensa en no pensar, que razona irrazonablemente que es el ser supremo, el máximo exponente de su propia autodestrucción.

El orgullo, la soberbia, la debilidad de la carne, el poder, el ser más que… Todo es negro como mi túnica de penitencia, la que deseo alcanzar y encuentro. Olvidamos con suma facilidad el amor al prójimo aunque ese prójimo sea yo mismo.

¿¡Qué horas se necesitan en un día para acertar!? No disponemos de tiempo para una sola reflexión y al final de los días, sumidos en el sopor del primer descanso nocturno, de seguida intentamos efectuar un pequeño balance al tiempo pasado, agotamos las posibilidades en nuestro esfuerzo por crecer, entendiendo que todo va bien, cuando la realidad es otra, de muy distinta manera.

Contemplo mi alma en el juego de la ruleta rusa de mi propia vida y muerte, contemplo en miradas devueltas el punto de mira de ese fijo cañón de revólver, del cual solo sé que en su recámara contiene una bala que acabará con mi destino.

Aterrorizado, lentamente, con un sudor frío, contemplo el lento movimiento del percutor hacia el espacio de esa bala que es mi propia justicia.

Mas todo pasa cuando golpea en falso, y al instante ya ni me acuerdo de que solo ha picado en vacío, pero no me paro a pensar que la muerte continúa en el tambor de ese misterio.

En sus entrañas está el hilo de mi nuevo amanecer, que, más tarde o más temprano, normalmente a destiempo, cortará el destino por manos del Supremo Hacedor.

Un carnaval de lujuria nos invade, un deseo y una pasión que nos corroen, nos olvidamos por completo de los demás. Yo cada día necesito más a los demás, me necesito a mí mismo en el transcurso del tiempo para conocerme en verdadera profundidad. Sin este entendimiento entre yo y mi ego, jamás podré acceder a ese demás que es mi prójimo. El prójimo que nos rechaza, que nos menoscaba y levanta muros de condicionamiento, encasillándonos.

Paseamos nuestro cuerpo por una cómoda vida regalada, tomada al asalto de ese tren que nos conducirá a dos estaciones totalmente opuestas. Quisiera volver a mi infancia y no pasar de mi primera comunión; desde entonces me veo en el espejo de mi alma negra, golpeando día a día la evolución de mi propio espacio.

El sentido de mi olfato detecta el olor a incienso. Derrotado, en el último rincón más oscuro del templo, no me atrevo nada más que a rezar por los demás. Jamás contemplaría hacerlo por mí.

Ya comienza de nuevo la historia a golpear nuestra insensibilidad humana al recordarnos la pasión y muerte de un hombre entre los hombres, y yo continúo por la senda de caminos perdidos.

Amanece un nuevo día, una nueva verdad. Yo, con mi penitencia a cuestas, continúo con el «yo confieso»…

2. A SEVILLA

Estás sola con tu reflejo en el agua,
esa que, bendita del cielo,
ha bañado siempre tu cuerpo.
Torre del Oro, Sevilla,
de noche o madrugada,
vigía que al Guadalquivir asomas,
sola y desangelada.
No estés triste,
mira ese puente,
háblale de sus gentes,
ellos te dirán de la señora,
la Esperanza de Triana.
Dime, Torre del Oro,
brazos extendidos
entre el puente y la Giralda.
Guárdate de males, mi *arma,*
que desde los Remedios,
por Sierpes, por Santa Cruz,
caminan desde el alba.

A lo lejos me imagino
una rivera de velas
que rezan con el alma.
Sentencia, mi Virgen de la Macarena,
te rezamos hoy y mañana,
y por esos hermanos perdidos
que no llevarán tus andas.

Sevilla.
Sevilla, Torre del Oro, la Giralda,
hoy, en feria y en Semana Santa.
Déjame, Dios mío, volver a verte
de nuevo mañana.
¿Dónde estás, Sevilla,
que tu recuerdo, tu aroma,
el corazón de mis sentidos apuñala?
Me he parado y, con mis dos manos
en el centro mismo
del puente de Triana,
he visto tu retrato
reflejado en el Guadalquivir, mi *arma*.
Eres esa imagen vestida de albero
y cera, de saeta y sevillanas,
de silencio y azahar,
ese aroma que me cautiva,
me enamora, me embriaga.

Sevilla caminante, si vas a verla, deja el reloj en tu casa y abre
tu mente. Te perderás en un abrazo inolvidable de sensaciones,
donde el tiempo se duerme y se queda en su embrujo. Sevilla, no
me importó enamorarme de ti. Eres, eres… Es que eres la novia
de Andalucía, del mundo entero y, sobre todo, de mi España.

Llueve en Sevilla, el agua no quiere morir sin ver reflejada
en su espejo tu magna figura.

Después, despacio y en silencio, se marchará como yo,
con el corazón roto en mil gotas
por haberte visto de nuevo.
Y recordarte mañana.

3. Vera Cruz

De negro y oro,
balcón asomado a San Francisco,
rezo al final, pegado al cancel,
sumido en el silencio, un año más,
para verte.
Contraste negro de un luto riguroso,
el que llevas por tu hijo,
cargando con la cruz y luego crucificado.
Y de oro cuya luz de estreno
hace brillar la dulzura de tu rostro,
esa con la que nos bendices como madre universal, esa que
nos cubre bajo su manto,
la que siempre nos protege.
Un rezo, una oración, un silencio,
clarividencia que en tus manos
declama redención por nuestros pecados.
Dios te salve, madre de
la Vera Cruz,
hermosura estudiante
y de Antequera.

4. Reina de las reinas

No hay ni luz ni mano que te encienda
una vela,
Esperanza, santa imagen Macarena.
Y a tus plantas,
sumido en la oscuridad, perdido,
tu hijo, la Sentencia, espera.
Solo un silencio suena,
ni una flor, ni una saeta.
Dios te guarde en mi corazón
para siempre, tú que eres
reina de las reinas.

5. AL MAYOR DOLOR

Plazoleta, plazuela, plaza de rezos que iluminan tu rostro. No quieren que te marches en esa noche de Miércoles Santo, solo quieren estar junto a ti un ratito más, contemplar la humildad de tu santo rostro, del dolor por ver tus carnes escarnecidas por una flagelación inaudita y aberrante. Salve al rey del cielo, Mayor Dolor. Antequera te saluda y yo, triste, me marcho en silencio. Nunca me dejes de tu mano. ¿Quién eres? ¿Dónde vas? Nunca vi Mayor Dolor en un rostro tan divino. ¿Eres quizás de pueblo, de ciudad, de mi región? Eres simplemente el universo de mi fe.

6. AL CRISTO DE...

No muevas ni un músculo de tu rostro.
Guarda tus manos en los bolsillos
y reza en silencio, peregrino.
Déjame contemplar
tu divino rostro herido,
locura de mis sentidos.
Que tu mano, capataz,
no toque ese martillo,
que no amanezca esa *levantá,*
porque es muy triste tu destino,
perdiéndose tus pasos
camino del Gólgota maldito
por ese adiós ensombrecido.
Y solo ahora yo te pido,
déjame rezarte
el padrenuestro,
y luego déjame
morir en paz
contigo.

1. TRIANA

Este puente me suena,
me suena el agua de tu río,
me suenan el viento,
el sol y la lluvia
a concierto.
Me envuelve el
aire del azahar
por primavera,
en su tiempo.
Me suena que suena
el roce de los pies
bajo palio de ensueño.
Me suena el cierre
de candados
que a tu puente
se quedan en silencio.
Los cierra el amor,
los cierran los besos.
Me suena el brillo del sol,
que refleja el oro
en tus torres,
en tu pecho.
Suena la guitarra
por feria por
el Mentidero.

Me suena por
Santa Ana,
por su paseo
a las orillas del Guadalquivir,
de tu mano y un te quiero.
Me suena
ese golpe del martillo
a ese trono sujeto.
Me suena
ver plumas blancas
de un romano
que a caballo
enarbola el viento.
Me suena el silencio,
olor, aroma de azahar,
a incienso
que a los pies
de Tres Caídas,
de mi Esperanza,
siempre rezo.
Me suena tu cara,
tu rostro tan bello,
me suena ese puente,
me suena a despedida
de aquel pobre abuelo.
Me suena alegre
piropo al verte
pasar la gente
de faralaes,

cogida de mi brazo
con vestido nuevo.
Me suena ver
desde el Altozano
Giralda, y su Giradillo,
a través de aquella
figura de bronce,
siempre quieto.
Tú, que naces
en Sevilla
y descansas
en la otra orilla.
Te quiero, Triana.
Te quiero, chiquilla.
Ojú, mi *arma*,
qué maravilla.

2. La judería de Sevilla. Callejón del Agua

Pasa lentamente el tiempo,
el silencio,
como gotas de agua
que bañan
los secretos.
Sombras que huyen
del sol incierto.
Rayos que iluminan
los recuerdos.
Besos que, dados,
olvidan
los tiempos.
Callejón del
Agua,
duerme tranquilo
como cada día,
por siempre,
en mis sueños.

3. Plazuela de San Sebastián

Que la lluvia inunde mi cuerpo, necesito ese brillo nuevo en el alma, suelo de mi espejo, reflejo que, cuan caracol, cubre cada uno de tus ladrillos subidos lentos, en mi torre convertidos.

Deja que la lluvia duerma en mí, salpicada por el agua, alma de tu fuente inagotable de singular belleza.

Desaparece la huella cuando el corazón clama por un amor que se derrama, que se pierde calle abajo, escorrentía de sufrimientos que en silencio se marchan.

¿Dónde estás estando?, se pregunta, no quiere perderlo. Solo el viento hace golpear estrofas de versos, que se pierden en el aire de aquella conversación entre dos elementos en bronce convertidos.

Ellos son testigos mudos, cuan presos en aquel banco del tiempo, de ese singular momento que desentiende su conversación al transeúnte. Estrofas cuan historias que sirven al ser humano; unas se quedan y otras se marchan al sueño infinito de los silencios.

Mírame despacio, Arco del Nazareno. ¿No ves que tu reflejo en mi espejo es también el mío?

Solo deja que la lluvia nos cante su copla sin letra, sin música, en silencio, sin sueños.

Deja que la lluvia cubra mi cuerpo, deja que la lluvia acaricie mi rostro, deja que la lluvia, al menos, me dé un beso.

4. Callejón del Aire

Cada tiempo, cada momento, se nos va por el callejón del Aire, poema repetido que, asomados al mirador del Arco de los Gigantes, viendo esa inmensa luna de agosto, nos hace recordar aquel amor escondido, perdido en el tiempo.

Un soplo de música que refresca las memorias de vivencias que, como yo, envejecen pausadamente.

Recuerdo de recuerdos, arpegios y notas que llegan a tu cara, esa que celosamente guarda la miel de aquellos labios que besaste.

Nunca olvides un te quiero, un abrazo, un amor que se pierda por los acantilados de la Peña de los Enamorados.

El río, a sus pies, llevará al mar, ese, el mar de tus lágrimas, quedando en la paz de tu silencio.

Y… sigue viviendo desde la luz del sonido de esta extraordinaria música, convertida en verso.

La belleza no está en el reflejo,
espejo de agua en el que te miras.
La belleza está en ti, en el aire que te acaricia,
en el aroma del naranjo
que a tus pies suspira como yo.
Abrazarte, ilusión más grande e imposible,
eres ese recuerdo que al cielo apuntas,
flecha que enamoraste mi corazón
y que hoy, desde la Peña de los
Enamorados de mi Antequera,
te ofreces cuan ramo de rosas.

Juramos amor eterno
bajo el testigo de aquella luna de agosto,
y cómo nos miraba
aquel, el Indio que, dormido,
al fondo, contemplaba
cuan testigo
recibir en cada dedo
aquellas alianzas,
sellándolas eternamente,
para siempre,
para lo bueno y lo malo,
con un beso…

5. Torcal

Sendero de silencio, alterado tan solo con la admiración atónita de un parpadeo del alma.

Como ese rosario de cuentas encendidas que despacio desmenuzan sus peñas hacia el cielo.

Mi Torcal es un requiebro inacabado de suspiros cargado de primaveras.

Que nadie rompa el silencio
de tu sueño eterno.

Déjame pensar que mi vida es bella,
ilusión banal, egoísta, de un craso error.

Todo lo que tienes no es más que tú.

Piensa el agua en el río que el río es suyo, y en verdad llegó, estuvo, pero irremisiblemente fue a parar a esa mar donde todos llegamos.

Haz siempre el bien desde tu conciencia
y quédate en la paz de un sueño nuevo.

6. AL TORCAL

Aire que dibuja una cuadratura imposible de calcular.

Sueños de primavera que se duermen en la paleta de color, ese que tu lienzo ofrece, en cada primavera, flores que viven libres, esas que, perdidas entre recovecos, mantienen en secreto besos robados al tropiezo de un pie, al roce de unos dedos o al silencio de una mirada.

Torcal, que nunca pierdes el tiempo
como yo, mirando un reloj que no quiero
que marque ni un segundo más,
deja golpear mi sueño en el farallón de las Catedrales y que su aroma, por el callejón del Tabaco, eleve mis pensamientos cuan volutas de humo al cielo, clamando piedad.

Yo partiré por tus senderos y me perderé entre las rendijas de tu Angostura. Nadie, nadie rodará una lágrima en mi absoluta y eterna despedida, pero en cada rendija, en cada recoveco del camino, en cada escondrijo de tus entrañas, solo tú guardarás de mis sueños, de mis secretos, de una vida llevada a golpes de un destino, de mis recuerdos más bellos vividos; me llevarás por los senderos del silencio, alterado solo con la contemplación atónita de un parpadeo del alma.

Rosario de cuentas encendidas que despacio desmenuza sus peñas hacia el cielo.

Mi Torcal es un requiebro inacabado de un suspiro cargado de primaveras.

Que nadie rompa el silencio de tu sueño eterno.

7. MÁLAGA

Mira despacio la luna esa huella que dejan tus pies al caminar. El agua, esa que trae mansamente la ola que llega, viene a tu playa para borrar, para robarte las huellas de tus pies y acunarlas en el corazón de tu recuerdo. El reflejo que contemplas es el camino que sigue hacia un corazón enamorado del tiempo, en el silencio del espacio, ese que precede a cada movimiento de tus olas, de tu belleza.

Bonita de día y con sol, enamorada en primavera, con calor, con frío y ese río que atraviesa tu vestido, unas veces seco y otras mojado, razón que a tu lado me hace soñar, me hace sentir celos hasta de ese terral sofocante. Ya no es agua, ni viento, es granizo de biznagas que cubren tu piel. Siempre serás tú aquella a la que al sur, con todo mi amor, le deje un beso allá por el paseo marítimo, por la Malagueta vestida de oro, por calle Larios de plena belleza. Solo dejaré en ti mi envidia sana, la que siempre al sur queda, mi Málaga, la bella.

Son mis ojos las manos que se posan sobre ti, el sol despacio te saluda y tu brisa despierta mi sueño de mar plateado de espeto, color de mi Málaga, orilla de paseo marítimo, horizontes, biznagas convertidas en verso.

8. A CÓRDOBA

Perdida entre sol y sombra,
jugando al esconder por la campiña.
Hermosura juguetona que derriba,
primavera asomada al otoño tímida.
Entre silencio y rejas de pintores,
de maestros que el toro brinda.
Mira, que yo aquí hoy
he venido a verte
a tus rejas, a tus patios,
a tus monumentos,
a tus hermosas torres y fuentes.
He rezado en la Mezquita Catedral
como buen cristiano, de rodillas.
Por San Lorenzo una oración,
un beso al aire por las Tendillas.
He pasado parte de mi tiempo
con los joyeros, por Cañero
y caminando
lento,
despacio, por la judería.
He mirado a ese Cristo de los Faroles,
que es mi suerte y mi guía.
He dejado mirar, despacio,
cómo mis besos el viento te envía.
Hoy, amor de primaveras,
desde la *Marmuerta* me miras,

encierro perdido
que entre luces y sombras
caminas por mis sentidos,
entre callejuelas,
allá por las Tendillas.
Plazuelas escondidas,
versos de colores perdidos,
amores que envidian tu hermosura.
Córdoba, patio, orfebrería,
orfebre y joyera por cuna,
de plata y oro vestida,
ensueño, luz de primavera,
espacio donde mis ojos
cansados te miran.
Duermen en ti,
como
siempre,
esperando
volver a verte
de nuevo,
con renovadas
alegrías.
Córdoba bendita,
me marcho a mi Antequera
con el corazón roto,
sin una triste despedida.

9. SEVILLA, TE QUIERO

Sevilla, cadencia, pensamiento,
luz, olor y color, azahar, parque,
Esperanza, amor, rezo.
Copla, saeta,
pintura, verso.
Río, fuente, viento,
Calor, misterio.
Duende, catedral,
fuente, plaza,
capote, recuerdo.
Farolillo, caseta, albero,
ese que siempre
me lleva a ti.
Sevilla, te quiero.

10. Plaza de España (Sevilla)

Duende de luz, silencio en la frialdad del azulejo, requiebro, quimera de un te quiero a golpe de remo en el estanque de los sueños.

Esa mano que roza un corazón alocado, ese pensamiento que descansa en cada escalón, mirada de miradas que, cuan llamaradas, tratan de abrazar tu belleza.

Plaza, plazoleta de las Españas, ¡cuánto ha que me pierdo en tu memoria!

Cada arcada es un verso; cada dibujo, un requiebro, piropo que te enamora, piropo que surge de un instante, que nada más verte, de día o de noche, enamora.

De esa visión tan única de singular belleza, inigualable, que alumbra la oscuridad de mi vida.

¿Cuántas me quedan por ver?

¿Será quizás la penúltima?

11. MÁLAGA

Málaga, perla del Mediterráneo,
ensueño, amalgama de sentidos,
biznaga y espeto, ese vinillo dulzón,
Casa de Guardia, marisco sencillo, tiempo muerto,
cadencia que en su penumbra
el silencio se hace largo
como el trago…, ese suave y ligero.
Málaga, copla, risa, sol, arte
arena, saeta, lienzo, pasión y gloria,
sombra perdida, un rincón
en su Parque recoleto.
Arena y sol y soplo y viento,
copo divino, biznaga, espeto.
Málaga, geranio rojo a juego
con tu vestido veraniego.
Que tu tiempo sea mi tiempo
y que nuestra coincidencia
esté entre las fronteras
del universo.

12. JARDINES DE MURILLO

Banco que, atenta,
tu vista pendiente mira
cuando a una flor,
la más bella de tu casa,
le robe un beso.
Jardín, pincel y pintura,
óleo que en silencio duerme.
Al despertar de aquel beso
lloré en silencio,
lágrimas que
al Guadalquivir vierten,
convertidas,
y que, despacio y en silencio,
mansamente se agregan a tu cauce,
ese de los sentidos recuerdos.

PERSONAJES ILUSTRES

1. A un poeta de Sevilla

Frialdad de un blanco mármol que el silencio acompaña, a cuyos pies, sin agua, jarrón de flores muertas, pétalos desprendidos de rosas y versos.

Cae lentamente el tiempo sobre el tiempo y aún se hacen más fuertes los silencios. Cada día que amanece se desprenderá una hoja de ese ramo de laurel con el que se pretende avivar tu recuerdo.

Y de nuevo volverán los trinos de tus golondrinas a sonar con ese, su canto, su verso de renovada primavera. Mi pensamiento estará perdido entre los recuerdos que de ti tengo, Sevilla.

Jamás olvidaré aquel aroma de tu azahar, de tu juventud, de tu belleza estrenada cada día, amor de un amor vivido que se pierde por Santa Cruz, por la magna visión de una Giralda única o por aquellos pasos perdidos entre besos robados en Triana.

Don Gustavo, quizás un día nos marchemos de tertulias, de coplas, de versos, desde la inmensa seguridad de que le estaré eternamente agradecido por beber de una fuente inagotable de esos, sus escritos únicos, que consuelan mi alma. Quizás tenga la suerte de ver de cerca la sangre sin sangre de un corazón roto por el amor, ese, cuan aplastante silencio lapidario, que ve brillar unos destellos de un amor alocado por los jardines de Murillo.

Bendito sea el blanco de ese ángel que salvaguarda su permanente estancia, quizás se esté gestando mi futuro y eterno silencio.

Ahora solo nos resta que la gelidez del invierno, ese que cubre el frío mármol blanco de su envoltura, acalle aquellos fuegos y que la escarcha acoja las lágrimas del pensamiento del recuerdo, de su recuerdo.

La puerta, esa que abre al pensamiento y a la palabra, sombra de un hecho subido a hombros… Imágenes perdidas de palabras sueltas por renglones, por esquinas, callejas de un sentimiento.

Mírome en ese espejo limpio y no encuentro la esencia real de una imagen que, agazapada, espera su momento.

Sigue tu sombra, sombra depurada por el conocimiento y por siempre para la humanidad. Yo bajaré a los infiernos, de seguro, por este semejante atrevimiento.

Disculpe mis torpezas, parco en palabras y sin lógica ni conocimiento.

El propio ser humano es en sí un verdadero poema, o quizás la ceguera que producen el sentimiento y la razón frente a lo real e innegable.

Una ilusión perdida entre las banalidades del ser humano puede ser o no, y a veces me pregunto desde mi ignorancia: ¿y qué es un poema?

No hay respuestas que satisfagan la sinrazón de, quizás, un corazón alocado por la fiebre del amor.

¿Qué es un poema?, me pregunto yo.

¿Una hoja en blanco plasmada de sentimientos vividos quizás?

¿Una luz que alumbra las tinieblas de un camino sin más que un destino tal vez?

2. A DON FRANCISCO DE QUEVEDO

De aquellas vetustas gafas
a un rostro sorprendido,
bajo arco, pelo envejecido
y con escape de barba denodada.
Y de aquel cuento
estampa sonara,
latente merced de caballero
que, cuan enamorado,
a la poesía
desposara.

3. Don Quijote a Sancho y Sancho a don Quijote (digo yo)

Don Quijote:

A fe, mío amigo Sancho, que desta guisa se fizo,
de entuerto en entuerto, y vive Dios
que hay alma, mas no espíritu ganador.
Los felones de calceta rayada, justados,
andan de rondas nocturnas, celebrando descalabros
que este simpar destino nos fizo tropiezos.
No ríase vuesa merced, que para llorar victorias
han de menester caminos de pedregales sin fin.

Sancho:

Diríjame, pues, vuesa merced
por buen camino,
que, aun sin prisas,
lleguemos pronto a la posada,
y que nos alivien los vientos
y retortijones deste
maltrecho cuerpo;
que buen yantar de suculentos

duelos y quebrantos,
una sopa castellana
y caldereta de cordero
les demos buena cuenta;
y nos reporte
y, a la postre,
nos dé la paz con
siesta imprecisa.
Ah, mi señor,
y que no falte
el vinillo
del terruño
para que al gaznate
le dé muerte.
Vamos, que nos quite
el polvo del camino
y, sobre todo,
los malos pensamientos.

4. A Unamuno

Cuando nos dice el Maestro: «Jamás desesperes, aun estando
en las más sombrías aflicciones, pues de las nubes negras cae
agua limpia y fecundante».
Y yo le contesto: «No desespero,
me lo impusieron el tiempo y la tormenta».
Ahora, Maestro, necesito
que envuelvas esas nubes de tormenta
que flagelan mi cara, mi alma,
y luego, con esa lluvia,
limpies mis pensamientos,
arrojando al mundo de los silencios
todo lo sufrido,
lo que llevo dentro.

5. A MACHADO

Diez años me separan
de la tristeza,
como el agua mansa
va por la ribera.
Una sonrisa nueva
aúna la sed
de mi esperanza.
Es como una barca
que al río viera
despacio subir, beber
de tu era.
Aquel de tu pensamiento,
agonía,
y que bautices
mis ideas
de hoy
y cada día,
por siempre si fuera…
Con todo respeto,
al poeta.

6. A MADRE CARMEN

Que el silencio impere en mi alma,
que mi cuerpo se empape de tu espíritu,
que mi vivir sea tu ejemplo en mi vida
hasta que Él decida.
En tus manos imploramos
por nos,
Madre Carmen.

7. ARMIÑO Y ORO (A GARCÍA LORCA)

Si la palabra
desnuda el alma
vestida de envidias.
Con un beso
y una mirada,
solo lunas blancas
a lomos de
plácidas sábanas que, bordadas
de versos y prosas perdidas,
inundan la inspiración florecida
en coplas de armiño
y oro, arropadas.
Y un pensamiento
dormido,
cuan golondrinas voladas
que regresan al nido cansadas,
marcado el camino,
en tu mente instaladas,
subiendo y bajando
por escaleras rodadas.

8. UN POCO DE HUMOR

Sancho a don Quijote, por ejemplo:

Mi señor, ¿y vos cómo andáis de calenturas?

Contesta Don Quijote:

No preciso, de buen talante, conoscencia alguna
sobre barbas lisonjeras.
Aunque, de pensar cansado, el sexo de seguro
que ha de tropezar así mi entendimiento
con fermosas historias caballerescas.
Hete aquí, pues, la esencia de cuantiosas frases
al resuello de aquellos vientos
cortados en plácidos escondrijos,
esquinazos con dádivas a fermosas doncellas,
enaguas alojadas que, al menester,
misterios descubren,
cuan malandrines piratas, su botín.
Y vive Dios, felones, que los entuertos
y calenturas fueren pagados
en esta y otras vidas.

9. A Unamuno II

Queda la inteligencia perdida
entre el mundo del absurdo
y las sombras de la inocente incultura.
Solamente el surco dibujado
en la frente del labriego denota,
cuan sudor vivido,
entre surco y surco de las letras.
Cúbrame la capa esa
que tapa mi falta de seso y cultura.
Mas, perdido y en silencio,
lléveme el agua oscura,
o el viento,
o el mar,
del sueño eterno
cuando toque.

10. A Jesús Quintero (el Loco de la Colina)

Qué triste es morirse.
Cuatro hachones:
dos a la cabecera,
otros dos a tus pies quietos.

Cuatro coronas
para el muerto,
una vieja alfombra
donde descansa el féretro.

Una foto en la pared
y no sé si un rezo en silencio.
Qué triste es morirse.
Queda solo, frío, el muerto.

Quizás un responso
y hasta luego.
He visto morir una reina,
diez días de desasosiego.

Han visitado hombres
reyes, jefes de Estado,
y tú solo, sin cortejo.
Qué triste es morirse.

Hombre tan importante,
la voz de la libertad
y te mueres en el empeño.
Qué triste es morirse.

Hasta siempre, amigo.
Hasta siempre, Jesús Quintero.

No todo en esta vida es ruido. De cuando en cuando, sin quererlo ni esperarlo, nos cae un silencio encima que nos aplasta el respirar como si fuese una losa caída del cielo. Siempre he respetado el silencio cargado de misterio. Es solo eso, silencio que nos deja el cierre de una puerta tras ese adiós inesperado.

Que tu silencio te acompañe en este viaje último, solo, sin familia ni amigos, y que te recordemos siempre como lo que fuiste: la libertad de la palabra, la libertad de la cultura, del pensamiento.

Adiós, Jesús Quintero (el Loco de la Colina, por cierto).

11. Pensamiento y literatura (a Francisco Rivera, paquirri)

El sentido de lo eterno pone su acento grave al fugitivo huir de los afanes humanos, dice Gregorio Marañón.

Todos quisiéramos que los historiadores futuros hablaran de la decadencia actual como de un episodio triste que después se superó, y que los hombres de mañana encontrarán, como nosotros todavía, lo más profundo de la conciencia de nuestras vidas, que es una parte de la conciencia del universo en esos oasis del tiempo que parecen muertos, pero donde alienta el soplo audible de la eternidad.

La humanidad marcha a su ruina y, continúa diciendo Antonio Machado, obstinarse en seguir falsos derroteros y veredas tortuosas, inmolando el arte y el pensamiento en aras del interés mezquino abogando la vida del espíritu. Tal decía en su encuentro de aquellos cuatro personajes en la Puerta del Sol, bohemios ellos, claro.

Asimismo, los hombres que solo saben un idioma suelen envidiar a los que saben dos, acepta Julio Camba. Que estos hombres se consuelen y piensen que, si es triste saber un solo idioma, es mucho más triste saber los dos y equivocarse constantemente en su uso, empleando el uno siempre que se debe emplear el otro.

Hemos vivido una noche dulcemente dolorosa, de las que invitan al llanto placentero, raudal suelto de todas juntas las ternuras de la vida sentimental, las que solamente salen de las entrañas del alma cuando saben que está sola y abierta por toda parte a las ondas, confidencias eternamente secretas de la soledad augusta, que es honrada porque es muda, y del dulce silencio de los campos, que es discreto porque se deja hoy pocas veces.

Una noche, comentaba José María Gabriel y Galán. Una noche de aquellas que regeneran, que levantan el corazón por encima de la vida de los hombres…

En el aroma de esta rosa no vamos al infinito… y a mi mente llega el eco del pensamiento de Jenofonte en la apología o defensa ante el jurado de Sócrates, y dice así: «Y bien demostró la fortaleza de su espíritu, pues una vez que hubo conocido que el estar muerto era mejor para él que seguir viviendo, así como a los otros bienes nunca había sido esquivo, tampoco se ablandó frente a la muerte, sino que la cogió con su temple característico y cumplió con ella».

En fin, conociendo bien de aquel hombre la sabiduría y nobleza, ni puedo dejar de recordarlo ni, en recordando, puedo menos de alabarlo. Mas si alguno de los que aspiran a la virtud trató alguna vez con alguien más que el beneficioso, bien digno juzgo yo a tal hombre de ser tenido por feliz.

Hagamos más favor y justicia a nuestro país y creámoslo capaz de esfuerzo y felicidades. Cumpla cada español como cumplió él con sus deberes de buen patricio y, en vez de alimentar nuestra inacción, según Mariano José de Larra, con la expresión del desaliento, contribuya cada cual a las mejoras posibles.

Entonces este país dejará de ser tan maltratado por los extranjeros, a cuyo desprecio nada podemos oponer si de él les damos nosotros mismos el vergonzoso ejemplo.

Ya cansados mis ojos, en la paz y el sosiego de la noche y a las dos de la madrugada que marca el reloj, os devuelvo al estante de mi conciencia en la confianza de que en limpio algo se me queda ¿de bueno?, ¿ de incierto ?, ¿quizás de malo ?

La paz que necesito con el sueño reparador que venga, porque mi congoja y mi amargura se quedan para mi sequedad.

A la memoria del torero amigo que se nos fue:

Luchaste en la arena de la plaza y en la plaza de la vida, te forjaste a ti mismo y a los demás la satisfacción de contemplar tu arte, el arte que nos dejaste, sereno, sosegado, serio como tú, sencillo y humano para con todos.

Diste la cara al viento y él te llevó en su soplo hacia el coso de tu descanso.

Paquirri, amigo, torero por hombre, profesión y arte

Para tu arte, la mejor ovación, dos orejas, rabo y vuelta al ruedo.

Para el hombre y a su memoria mi oración: el padrenuestro.

Agradecimientos

Al ilustrísimo señor decano del Cuerpo Consular de Málaga, don Rafael Pérez Peña, por su extraordinaria presentación de mi humilde persona.

A la señorita María José Ruiz Roldán, sin la cual no hubiesen visto la luz mis escritos. Le agradezco que me haya llevado de la mano para poder confeccionar y canalizar las composiciones, así como haber realizado la corrección de cada una de ellas. Una inestimable ayuda y orientación que siempre le agradeceré.

Al ilustrísimo señor director de la Real Academia de Nobles Artes de Antequera, don José Escalante Jiménez, a quien debo el prólogo de este, mi primer libro, y que tan amablemente aceptó el llevarlo a efecto. Indiscutiblemente, es un honor para mí.

A don José Antonio Montenegro, extraordinario fotógrafo, al cual debo la sublime portada de este libro con una de sus mejores obras.

A la familia Jiménez Blázquez, por su amabilidad y consentimiento para publicar dicha fotografía.

Índice